Celina H. Weschenfelder

São Brás

História e novena

Editora responsável: Andréia Schweitzer
Equipe editorial

1ª edição – 2016

Nenhuma parte desta obra poderá ser reproduzida ou transmitida por qualquer forma e/ou quaisquer meios (eletrônico ou mecânico, incluindo fotocópia e gravação) ou arquivada em qualquer sistema ou banco de dados sem permissão escrita da Editora. Direitos reservados.

Paulinas

Rua Dona Inácia Uchoa, 62
04110-020 – São Paulo – SP (Brasil)
Tel.: (11) 2125-3500
http://www.paulinas.org.br – editora@paulinas.com.br
Telemarketing e SAC: 0800-7010081
© Pia Sociedade Filhas de São Paulo – São Paulo, 2016

Introdução

Segundo os historiadores, São Brás foi médico, sacerdote e bispo de Sebaste, na Armênia, onde viveu no período entre os séculos III e IV.

Era um homem de grande doçura, fazendo jus ao significado do seu nome: Brás vem de *blandus*, que significa suave. A pureza dos seus costumes, sua modéstia, sabedoria e, sobretudo, sua grande piedade e união com Deus tornaram-no muito conhecido e querido pelo povo, por sua benevolência para com os pobres.

Nessa época, a Igreja do Oriente estava sendo duramente perseguida pelo Imperador Licínio.

São Brás, então, retirou-se e foi viver em uma gruta na floresta. Conta-se que ele se sentia protegido pelos animais, a quem ele curava, assim como curava as enfermidades das pessoas, não com os recursos da medicina, mas com o nome de Cristo. Também era procurado quando alguém engasgava com um osso ou uma espinha, que ele extraía com a oração.

Prisão e morte do santo

Em virtude das perseguições aos cristãos, São Brás foi preso e, diante do juiz, disse que Cristo era Deus e condenou os ídolos e os seus adoradores.

Algumas mulheres foram à prisão ajudar o bispo, por causa dos ferimentos decorrentes das torturas que ele sofrera. Porém, também elas foram condenadas ao martírio, depois de desafiarem o poder dos ídolos e recusarem-se a renunciar a Cristo e à Igreja. Depois de muitos tormentos, dos quais saíam ilesas, cortaram-lhes as cabeças.

Assim como elas, São Brás foi decapitado, no dia 3 de fevereiro de 316, e se tornou conhecido tanto no Oriente quanto no Ocidente por intervir junto a Deus para libertar do perigo as pessoas que tivessem qualquer problema na garganta. Na Alemanha, nos séculos XV e XVI, passou a ser invocado contra hemorragias e úlceras.

Até 732 o corpo e as relíquias de São Brás ficavam na catedral de Sebaste, na Armênia. No entanto, quando iam ser transportadas para Roma, uma tempestade conduziu o barco até a cidade de Maratea, em Potenza, onde os moradores fizeram uma Igreja e, posteriormente, a Basílica de São Brás, mudando o nome do local para "Monte São Brás".

Atualidade da devoção

No Oriente a devoção a São Brás foi estabelecida no dia 11 de fevereiro, mas nosso calendário litúrgico conserva a sua memória no dia 3 de fevereiro.

A menção mais antiga a ele data do século VI. Um médico grego, Ezio di Amida, escreveu: "Se a espinha ou o osso não quiser sair, dirija-se ao doente e diga-lhe: 'Vem para fora, osso, se você for osso, ou o que quer seja: sai como Lázaro, que pela voz de Cristo saiu do sepulcro, e Jonas, da barriga de baleia'. Ou faça sobre o doente o sinal da cruz e então profira as palavras que São Brás, mártir e servo de Cristo, costumava dizer em casos similares: 'Ou sobe ou desce'".

As pessoas se dirigem a São Brás para o tratamento de doenças físicas e, particularmente, para a cura de problemas da garganta, razão pela qual se tornou padroeiro dos otorrinolaringologistas.

Nas Igrejas de todo o mundo, no dia de sua festa litúrgica, os sacerdotes abençoam os fiéis com duas velas cruzadas sobre a garganta deles, rezando: "Por intercessão de São Brás, bispo e mártir, livre-nos Deus do mal da garganta e de qualquer outra doença. Em nome do Pai, do Filho e do Espírito Santo. Amém!".

PRIMEIRO DIA

São Brás, jovem

Saudação inicial

Em nome do Pai, do Filho e do Espírito Santo. Amém.

História

São Brás, quando ainda jovem, dedicou sua vida ao estudo da filosofia. Era dotado de grande oratória, e, por conta disso, deram-lhe a ocupação de pregador da fé.

Admirador e amante da natureza, tornou-se um grande contemplativo, pois o contato com as coisas criadas levava-o a maravilhar-se com as belezas do Criador.

Como o seu desejo de estar com Deus aumentava dia após dia, começou também a se interessar pelos mais pobres, fracos e doentes, tentando ajudá-los.

Oração a São Brás

Ó São Brás, que restituístes com uma breve oração a perfeita saúde a um menino que, por uma espinha de peixe atravessada na garganta, estava às portas da morte, obtende para todos nós a graça de experimentarmos a eficácia do vosso patrocínio em todos os males da garganta. Conservai a nossa garganta sã e perfeita para que possamos falar corretamente e, assim, proclamar e cantar os louvores de Deus. Amém!

Leitura bíblica

"'Se permanecerdes em minha palavra, sereis verdadeiramente meus discípulos, e conhecereis a verdade e a verdade vos tornará livres'. Eles responderam: 'Nós somos descendentes de Abraão e nunca fomos escravos de ninguém. Como podes dizer: 'Vós vos tornareis livres?'.' Jesus respondeu: 'Em verdade, em verdade, vos digo: todo aquele que comete o pecado é escravo do pecado... Se, pois, o Filho vos libertar, sereis verdadeiramente livres'" (Jo 8,31-34.36).

Intercessão

Por intercessão de São Brás, bispo e mártir, livre-nos Deus do mal da garganta e de qualquer outra doença. Em nome do Pai, do Filho e do Espírito Santo. Amém!

Pai-Nosso, Ave-Maria, Glória.

São Brás, amigo dos pobres e sofredores, rogai por nós.

SEGUNDO DIA

Sua fama se espalhou

Saudação inicial

Em nome do Pai, do Filho e do Espírito Santo. Amém.

História

Em todos os lugares do mundo, quando uma criança ou qualquer outra pessoa se engasga, a invocação direta ao santo logo é rezada com estas palavras: "São Brás te proteja" ou "São Brás, valei-me".

Nas igrejas de todo o mundo, essa bênção é feita especialmente no dia a ele dedicado, com duas velas cruzadas sobre a garganta dos fiéis, que então recebem a bênção e a proteção de São Brás.

Oração a São Brás

Ó São Brás, que restituístes com uma breve oração a perfeita saúde a um menino que, por uma espinha de peixe atravessada na garganta, estava às portas da morte, obtende para todos nós a graça de experimentarmos a eficácia do vosso patrocínio em todos os males da garganta. Conservai a nossa garganta sã e perfeita para que possamos falar corretamente e, assim, proclamar e cantar os louvores de Deus. Amém!

Leitura bíblica

"Eu sou o bom pastor. O bom pastor dá a vida por suas ovelhas. O assalariado, que não é pastor e a quem as ovelhas não pertencem, vê o lobo chegar e foge; e o lobo as ataca e as dispersa. Por ser apenas um assalariado, ele não se importa com as ovelhas. Eu sou o bom pastor. Conheço as minhas ovelhas e elas me conhecem, assim como o Pai me conhece e eu conheço o Pai. Eu dou a vida pelas minhas ovelhas" (Jo 10,11-16).

Intercessão

Por intercessão de São Brás, bispo e mártir, livre-nos Deus do mal da garganta e de qualquer outra doença. Em nome do Pai, do Filho e do Espírito Santo. Amém!

Pai-Nosso, Ave-Maria, Glória.
São Brás, amigo dos pobres e sofredores, rogai por nós.

TERCEIRO DIA

Amigo dos pobres e doentes

Saudação inicial

Em nome do Pai, do Filho e do Espírito Santo. Amém.

História

Diz a tradição que a sua santidade ficou logo conhecida por toda a redondeza, e ele, para poder viver mais unido a seu Deus, retirou-se em uma gruta para ficar mais tempo com o autor da vida. Mesmo estando ali escondido, era procurado por muitas pessoas que desejavam ficar livres de seus males e doenças.

Dizem os historiadores que ele curava não só as pessoas, mas também os animais.

Com frequência, as pessoas chegavam perto dele e o encontravam em êxtase profundo com Deus, mas ninguém o interrompia. Mesmo assim, pediam a sua bênção e ficavam curadas.

Oração a São Brás

Ó São Brás, que restituístes com uma breve oração a perfeita saúde a um menino que, por uma espinha de peixe atravessada na garganta, estava às portas da morte, obtende para todos nós a graça de experimentarmos a eficácia do vosso patrocínio em todos os males da garganta. Conservai a nossa garganta sã e perfeita para que possamos falar corretamente e, assim, proclamar e cantar os louvores de Deus. Amém!

Leitura bíblica

Jesus disse aos discípulos: "Nosso amigo Lázaro está dormindo. Mas eu vou acordá-lo". Os discípulos disseram: "Senhor, ele está dormindo, vai ficar curado". Jesus falava da morte de Lázaro, mas os discípulos pensaram que ele estivesse falando do sono mesmo. Jesus então falou abertamente: "Lázaro morreu!". Jesus disse: "Pai, eu te dou graças porque me ouviste! Eu sei que sempre me ouves, mas eu digo isto por causa da multidão em torno de mim, para que creia que tu me enviaste". Depois pediu a Lázaro que saísse do túmulo (cf. Jo 11,11-14.43-44).

Intercessão

Por intercessão de São Brás, bispo e mártir, livre-nos Deus do mal da garganta e de qualquer outra doença. Em nome do Pai, do Filho e do Espírito Santo. Amém!

Pai-Nosso, Ave-Maria, Glória.
São Brás, amigo dos pobres e sofredores, rogai por nós.

QUARTO DIA

Médico e sacerdote

Saudação inicial

Em nome do Pai, do Filho e do Espírito Santo. Amém.

História

São Brás protegia as pessoas contra os males da garganta e também curava os animais de suas doenças. Homem de muita fé e valoroso médico, não só curava as pessoas de doenças, mas também dos males da alma.

Tinha grande compaixão pelos mais necessitados e usava de seu ofício de médico para ir ao encontro dos mais necessitados. Jamais deixava uma pessoa doente, que se aproximasse dele, ir embora sem ser confortada e curada.

Oração

Ó São Brás, que restituístes com uma breve oração a perfeita saúde a um menino que, por uma espinha de peixe atravessada na garganta, estava às portas da morte, obtende para todos nós a graça de experimentarmos a eficácia do vosso patrocínio em todos os males da garganta. Conservai a nossa garganta sã e perfeita para que possamos falar corretamente e, assim, proclamar e cantar os louvores de Deus. Amém!

Leitura bíblica

"'Não se perturbe o vosso coração! Credes em Deus, crede também em mim. Na casa do meu Pai há muitas moradas. Não fosse assim, eu vos teria dito. Vou preparar um lugar para vós. E depois que eu tiver ido e preparado um lugar para vós, voltarei e vos levarei comigo a fim de que, onde eu estiver, estejais também. E para onde eu vou, conheceis o caminho'.

Tomé disse: 'Senhor, não sabemos para onde vais. Como podemos conhecer o caminho?' Jesus respondeu: 'Eu sou o caminho, a verdade e a vida'" (Jo 14,1-6a).

Intercessão

Por intercessão de São Brás, bispo e mártir, livre-nos Deus do mal da garganta e de qualquer outra doença. Em nome do Pai, do Filho e do Espírito Santo. Amém!

Pai-Nosso, Ave-Maria, Glória.

São Brás, amigo dos pobres e sofredores, rogai por nós.

QUINTO DIA
De médico a eremita

Saudação inicial

Em nome do Pai, do Filho e do Espírito Santo. Amém.

História

Homem de acentuada vida interior e um grande exemplo de virtudes, era cada vez mais admirado pelas pessoas que o rodeavam e às quais ele prestava ajuda.

Escondeu-se no deserto para poder ficar mais unido a Deus e crescer em santidade. Mas, com o falecimento do bispo de Sebaste, o povo da cidade o elegeu como novo bispo.

Destacou-se logo pela sua grande virtude, pelo seu espírito de oração e união com Deus e pelo cuidado para com os mais pobres e necessitados. Todos encontravam nele um pai, um pastor.

Oração a São Brás

Ó São Brás, que restituístes com uma breve oração a perfeita saúde a um menino que, por uma espinha de peixe atravessada na garganta, estava às portas da morte, obtende para todos nós a graça de experimentarmos a eficácia do vosso patrocínio em todos os males da garganta. Conservai a nossa garganta sã e perfeita para que possamos falar corretamente e, assim, proclamar e cantar os louvores de Deus. Amém!

Leitura bíblica

"Eu sou a videira verdadeira e meu Pai é o agricultor. Todo ramo que não dá fruto, ele limpa, para que dê mais fruto ainda. Vós estais limpos por causa da palavra que vos falei. Permanecei em mim, e eu permanecerei em vós. Como o ramo não pode dar fruto por si mesmo, se não permanecer na videira, assim vós não podereis dar fruto se não permanecerdes em mim. Eu sou a videira e vós, os ramos. Aquele que permanece em mim, como eu nele, esse dá muito fruto; pois sem mim, nada podeis fazer" (Jo 15,1-5).

Intercessão

Por intercessão de São Brás, bispo e mártir, livre-nos Deus do mal da garganta e de qualquer outra doença. Em nome do Pai, do Filho e do Espírito Santo. Amém!

Pai-Nosso, Ave-Maria, Glória.
São Brás, amigo dos pobres e sofredores, rogai por nós.

SEXTO DIA

Fama de santidade

Saudação inicial

Em nome do Pai, do Filho e do Espírito Santo. Amém.

História

Sua fama de santo se espalhou por toda a região da Capadócia, pois São Brás atendia a todos que o procuravam, sendo que muitas vezes as pessoas ficavam curadas dos males do corpo e também da alma.

Conta-se que até os animais conviviam de maneira harmoniosa com ele. E ele não só os curava, como também não se importava quando o rodeavam para lhe fazerem companhia.

Oração a São Brás

Ó São Brás, que restituístes com uma breve oração a perfeita saúde a um menino que, por uma espinha de peixe atravessada na garganta, estava às portas da morte, obtende para todos nós a graça de experimentarmos a eficácia do vosso patrocínio em todos os males da garganta. Conservai a nossa garganta sã e perfeita para que possamos falar corretamente e, assim, proclamar e cantar os louvores de Deus. Amém!

Leitura bíblica

"E agora, assim diz o Senhor, aquele que te criou, Jacó, aquele que te modelou, Israel: 'Não tenhas medo que fui eu quem te resgatou, chamei pelo próprio nome, tu és meu! Se tiveres de atravessar pela água, contigo estarei e a inundação não te vai submergir! Se tiveres de andar sobre o fogo, não te vais queimar, as chamas não te atingirão! Pois eu sou o Senhor, o teu Deus, o Santo de Israel, o teu Forte!'" (Is 43,1-3a).

Intercessão

Por intercessão de São Brás, bispo e mártir, livre-nos Deus do mal da garganta e de qualquer outra doença. Em nome do Pai, do Filho e do Espírito Santo. Amém!

Pai-Nosso, Ave-Maria, Glória.

São Brás, amigo dos pobres e sofredores, rogai por nós.

SÉTIMO DIA

Brás se torna bispo

Saudação inicial

Em nome do Pai, do Filho e do Espírito Santo. Amém.

História

Quando o bispo local morreu, a população de toda a região foi ao encontro de São Brás para pedir que ele se tornasse padre, a fim de tomar conta do povo de Deus. Ele aceitou e foi morar na cidade. Estudou e se ordenou padre. E, não muito tempo depois, foi sagrado bispo.

Construiu uma casa para abrigar a Diocese aos pés da gruta em que ele morou, e dali comandava a Igreja de toda a região.

Oração a São Brás

Ó São Brás, que restituístes com uma breve oração a perfeita saúde a um menino que, por uma espinha de peixe atravessada na garganta, estava às portas da morte, obtende para todos nós a graça de experimentarmos a eficácia do vosso patrocínio em todos os males da garganta. Conservai a nossa garganta sã e perfeita para que possamos falar corretamente e, assim, proclamar e cantar os louvores de Deus. Amém!

Leitura bíblica

"Eis o meu servo, dou-lhe o meu apoio. É o meu escolhido, alegria do meu coração. Pus nele o meu espírito, ele vai levar o direito às nações. Não grita, não levanta a voz...

Fielmente promoverá o que é de direito, sem amolecer e sem oprimir, até implantar o direito no país e as ilhas distantes aguardarem sua lei" (Is 42,1-2a.3b-4).

Intercessão

Por intercessão de São Brás, bispo e mártir, livre-nos Deus do mal da garganta e de qualquer outra doença. Em nome do Pai, do Filho e do Espírito Santo. Amém!

Pai-Nosso, Ave-Maria, Glória.
São Brás, amigo dos pobres e sofredores, rogai por nós.

OITAVO DIA
Corajoso, enfrenta tudo

Saudação inicial

Em nome do Pai, do Filho e do Espírito Santo. Amém.

História

O prefeito de Sebaste era um tirano que combatia o Cristianismo em toda a região. Ele se chamava Agricola e era amigo do Imperador do Oriente Licinius Lacinianus, que era cunhado de Constantino, Imperador do Ocidente, que tinha parado de perseguir os cristãos.

Um dia o prefeito mandou seus soldados buscarem feras, leões, tigres, para servirem de espetáculo no martírio dos cristãos presos. Quando os soldados chegaram perto da gruta do santo, viram todo tipo de animais da floresta convivendo em harmonia com ele. Denunciaram São Brás ao prefeito, que imediatamente tomou providências contra ele.

Oração a São Brás

Ó São Brás, que restituístes com uma breve oração a perfeita saúde a um menino que, por uma espinha de peixe atravessada na garganta, estava às portas da morte, obtende para todos nós a graça de experimentarmos a eficácia do vosso patrocínio em todos os males da garganta. Conservai a nossa garganta sã e perfeita para que possamos falar corretamente e, assim, proclamar e cantar os louvores de Deus. Amém!

Leitura bíblica

"Eu vos disse estas coisas para que a vossa fé não fique abalada. Sereis expulsos das sinagogas, e virá a hora em que todo aquele que vos matar, julgará estar prestando culto a Deus. Agirão assim por não terem conhecido nem ao Pai, nem a mim. Eu vos falei assim, para que vos recordeis do que eu disse, quando chegar a hora" (Jo 16,1-4).

Intercessão

Por intercessão de São Brás, bispo e mártir, livre-nos Deus do mal da garganta e de qualquer outra doença. Em nome do Pai, do Filho e do Espírito Santo. Amém!

Pai-Nosso, Ave-Maria, Glória.
São Brás, amigo dos pobres e sofredores, rogai por nós.

NONO DIA

A prisão e morte de São Brás

Saudação inicial

Em nome do Pai, do Filho e do Espírito Santo. Amém.

História

Por várias vezes o prefeito chamou São Brás para tentar fazê-lo mudar de opinião, mas ele nunca cedeu. Então, mandou prendê-lo. Ele não se opôs à prisão e os soldados não encontraram nele nenhum tipo de resistência. Na presença de Agricola, foi ordenado a São Brás que renunciasse a Jesus Cristo e à Igreja e adorasse a seus deuses. Ele se recusou a fazer isso. Disse ainda que a Igreja jamais acabaria porque era guiada pelo Espírito Santo.

Muitas pessoas visitavam o santo na prisão para vê-lo e pedir orações. Apesar do sofrimento das torturas, ele atendia a todas com conselhos e orações.

Oração a São Brás

Ó São Brás, que restituístes com uma breve oração a perfeita saúde a um menino que, por uma espinha de peixe atravessada na garganta, estava às portas da morte, obtende para todos nós a graça de experimentarmos a eficácia do vosso patrocínio em todos os males da garganta. Conservai a nossa garganta sã e perfeita para que possamos falar corretamente e, assim, proclamar e cantar os louvores de Deus. Amém!

Leitura bíblica

"Assim Jesus falou e elevando os olhos ao céu, disse: 'Pai, chegou a hora. Glorifica teu filho, para que teu filho te glorifique, assim como deste a ele o poder sobre todos, a fim de que dê vida eterna a todos os que lhe deste. Eu te glorifiquei na terra, realizando a obra que me deste para fazer. E agora Pai, glorifica-me junto de ti mesmo, com a glória que eu tinha, junto de ti, antes que o mundo existisse" (Jo 17,1-2.4).

Intercessão

Por intercessão de São Brás, bispo e mártir, livre-nos Deus do mal da garganta e de qualquer outra doença. Em nome do Pai, do Filho e do Espírito Santo. Amém!

Pai-Nosso, Ave-Maria, Glória.

São Brás, amigo dos pobres e sofredores, rogai por nós.

Coleção Nossas Devoções

- *A Senhora da Piedade*. Setenário das dores de Maria – Aparecida Matilde Alves
- *Albertina Berkenbrock*. Novena e biografia – Sérgio Jeremias de Souza
- *Dulce dos Pobres*. Novena e biografia – Marina Mendonça
- *Frei Galvão*. Novena e história – Pe. Paulo Saraiva
- *Imaculada Conceição*. Novena ecumênica – Francisco Catão
- *Jesus, Senhor da vida*. Dezoito orações de cura – Francisco Catão
- *João Paulo II*. Novena, história e orações – Aparecida Matilde Alves
- *João XXIII*. Biografia e novena – Marina Mendonça
- *Maria, Mãe de Jesus e Mãe da humanidade*. Novena e coroação de Nossa Senhora – Aparecida Matilde Alves
- *Menino Jesus de Praga*. História e novena – Giovanni Marques
- *Nhá Chica*. Novena, história e orações – Aparecida Matilde Alves
- *Nossa Senhora Achiropita*. Novena e biografia – Antonio S. Bogaz e Rodinei Thomazella
- *Nossa Senhora Aparecida*. História e novena – Maria Belém
- *Nossa Senhora da Cabeça*. História e novena – Mario Basacchi
- *Nossa Senhora da Luz*. Novena e história – Maria Belém
- *Nossa Senhora da Penha*. Novena e história – Maria Belém
- *Nossa Senhora da Salete*. História e novena – Aparecida Matilde Alves
- *Nossa Senhora das Graças ou Medalha Milagrosa*. Novena e origem da devoção – Mario Basacchi
- *Nossa Senhora de Caravaggio*. História e novena – Pe. Volmir Comparin e Dom Leomar Antônio Brustolin
- *Nossa Senhora de Fátima*. Novena – Tarcila Tommasi
- *Nossa Senhora de Guadalupe*. Novena e história das aparições a São Juan Diego – Maria Belém
- *Nossa Senhora de Lourdes*. – Tarcila Tommasi
- *Nossa Senhora de Nazaré*. Novena e história – Maria Belém
- *Nossa Senhora Desatadora dos Nós*. História e novena – Frei Zeca
- *Nossa Senhora do Bom Parto*. Novena e reflexões bíblicas – Mario Basacchi
- *Nossa Senhora do Carmo*. Novena e história – Maria Belém

- *Nossa Senhora do Desterro*. História e novena – Celina H. Weschenfelder
- *Nossa Senhora do Perpétuo Socorro*. História e novena – Mario Basacchi
- *Nossa Senhora Rainha da Paz*. História e novena – Celina Helena Weschenfelder
- *Novena à Divina Misericórdia*. Santa Maria Faustina Kowaslka, história e orações – Tarcila Tommasi
- *Novena a Nossa Senhora de Lourdes* – Tarcila Tommasi
- *Novena das Rosas. História e novena a Santa Teresinha do Menino Jesus* – Aparecida Matilde Alves
- *Ofício da Imaculada Conceição*. Orações, hinos e reflexões – Cristóvão Dworak
- *Orações do cristão*. Preces diárias – Celina H. Weschenfelder (org.)
- *Padre Pio*. Novena e história – Maria Belém
- *Paulo, homem de Deus*. Novena de São Paulo, Apóstolo – Francisco Catão
- *Reunidos pela força do Espírito Santo*. Novena de Pentecostes – Tarcila Tommasi
- *Rosário por uma transformação espiritual e psicológica* – Gustavo E. Jamut
- *Rosário dos enfermos* – Aparecida Matilde Alves
- *Sagrada face*. História, novena e devocionário – Giovanni Marques
- *Sagrada Família*. Novena – Pe. Paulo Saraiva
- *Sant'Ana*. Novena e história – Maria Belém
- *Santa Cecília*. Novena e história – Frei Zeca
- *Santa Edwiges*. Novena e biografia – J. Alves
- *Santa Filomena*. História e novena – Mario Basacchi
- *Santa Joana d'Arc*. Novena e biografia – Francisco de Castro
- *Santa Luzia*. Novena e biografia – J. Alves
- *Santa Maria Goretti. História e novena* – Pe. José Ricardo Zonta
- *Santa Paulina*. Novena e biografia – J. Alves
- *Santa Rita de Cássia*. Novena e biografia – J. Alves
- *Santa Teresa de Calcutá*. Biografia e novena – Celina H. Weschenfelder

- *Santa Teresinha do Menino Jesus*. Novena e biografia – Mario Basacchi
- *Santo Afonso de Ligório*. Novena e biografia – Mario Basacchi
- *Santo Antônio*. Novena, trezena e responsório – Mario Basacchi
- *Santo Expedito*. Novena e dados biográficos – Francisco Catão
- *São Benedito*. Novena e biografia – J. Alves
- *São Bento*. História e novena – Francisco Catão
- *São Cosme e São Damião*. Biografia e novena – Mario Basacchi
- *São Cristóvão*. História e novena – Pe. Mário José Neto
- *São Francisco de Assis*. Novena e biografia – Mario Basacchi
- *São Geraldo Majela*. Novena e biografia – J. Alves
- *São Guido Maria Conforti*. Novena e biografia – Gabriel Guarnieri
- *São José*. História e novena – Aparecida Matilde Alves
- *São Judas Tadeu*. História e novena – Maria Belém
- *São Marcelino Champagnat*. Novena e biografia – Ir. Egídio Luiz Setti
- *São Miguel Arcanjo*. Novena – Francisco Catão
- *São Pedro, Apóstolo*. Novena e biografia – Maria Belém
- *São Roque*. Novena e biografia – Roseane Gomes Barbosa
- *São Sebastião*. Novena e biografia – Mario Basacchi
- *São Tarcísio*. Novena e biografia – Frei Zeca
- *São Vito, mártir*. História e novena – Mario Basacchi
- *Tiago Alberione*. Novena e biografia – Maria Belém

NOSSAS DEVOÇÕES
(Origem das novenas)

De onde vem a prática católica das novenas? Entre outras, podemos dar duas respostas: uma histórica, outra alegórica.

Historicamente, na Bíblia, no início do livro dos Atos dos Apóstolos, lê-se que, passados quarenta dias de sua morte na Cruz e de sua ressurreição, Jesus subiu aos céus, prometendo aos discípulos que enviaria o Espírito Santo, que lhes foi comunicado no dia de Pentecostes.

Entre a ascensão de Jesus ao céu e a descida do Espírito Santo, passaram-se nove dias. A comunidade cristã ficou reunida em torno de Maria, de algumas mulheres e dos apóstolos. Foi a primeira novena cristã. Hoje, ainda a repetimos todos os anos, orando, de modo especial, pela unidade dos cristãos. É o padrão de todas as outras novenas.

A novena é uma série de nove dias seguidos em que louvamos a Deus por suas maravilhas, em particular, pelos santos, por cuja intercessão nos são distribuídos tantos dons.

Alegoricamente, a novena é antes de tudo um ato de louvor ao Pai, ao Filho e ao Espírito Santo, Deus três vezes Santo. Três é número perfeito. Três vezes três, nove. A novena é louvor perfeito à Trindade. A prática de nove dias de oração, louvor e súplica confirma de maneira extraordinária nossa fé em Deus que nos salva, por intermédio de Jesus, de Maria e dos santos.

O Concílio Vaticano II afirma: "Assim como a comunhão cristã entre os que caminham na terra nos aproxima mais de Cristo, também o convívio com os santos nos une a Cristo, fonte e cabeça de que provêm todas as graças e a própria vida do povo de Deus" (*Lumen Gentium*, 50).

Nossas Devoções procura alimentar o convívio com Jesus, Maria e os santos, para nos tornarmos cada dia mais próximos de Cristo, que nos enriquece com os dons do Espírito e com todas as graças de que necessitamos.

Francisco Catão

Impresso na gráfica da
Pia Sociedade Filhas de São Paulo
Via Raposo Tavares, km 19,145
05577-300 - São Paulo, SP - Brasil - 2016